TRISTAN ET ISOLDINE

Opérette en trois actes

TEXTE DE MAX LYON

MUSIQUE DE [illegible]

[illegible]

PARIS

TRISTANET et ISOLDINE

Opérette en trois actes

TRISTANET

et ISOLDINE

Opérette en trois actes

TEXTE DE MAX LYON

MUSIQUE DE...

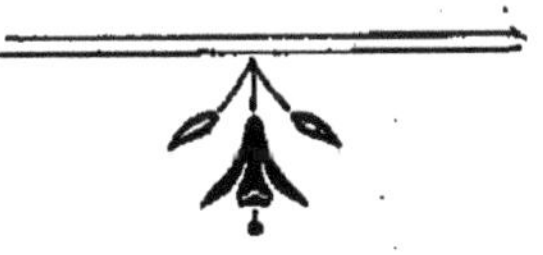

1921

PARIS

TRISTANET et ISOLDINE

Opérette en 3 actes

PERSONNAGES :

RICHARD WAGNER, compositeur et littérateur.

ISOLDINE, fille d'un roi d'Irlande.

TRISTANET, chevalier breton.

MARCUS, roi du Pays de Galles (personnage muet).

KURVENIN, confident de Tristanet.

BRANGUETTE, suivante d'Isoldine.

MELAN, confident du roi Marcus.

Un pâtre.

Un cuisinier.

Marmitons.

Acte Premier

La scène représente une cuisine à bord d'un voilier ; on voit la mer et la terre au loin à travers les sabords.

SCENE PREMIERE

WAGNER, LE CUISINIER, MARMITONS

WAGNER

Je suis revenu dans ce monde
Moi, l'immense Richard Wagner,
Parmi vous où le canon gronde;
J'arrive tout droit de l'enfer.

Je viens entendre ma musique
Mais est-ce qu'on la joue encor?
Ce serait par trop fantastique,
Si je retrouvais mon trésor.

Ne suis-je pas à la cuisine ?

Il s'essuie le front

En bas il fait froid, ici chaud.

Il prend un artichaut en main

C'est une sauce mousseline
Qu'on mange avec un artichaut.

VOIX D'UN JEUNE MARMITON

Cet homme paraît louche,
Que vient-il faire ici?
A ma saucière il touche,
A l'artichaut aussi.

Le jeune marmiton s'adressant à un autre qui fait marcher un soufflet pour aviver le feu du fourneau

Fais marcher ta machine,
Souffle, souffle plus fort :
Pour cuire une aubergine
Fais un petit effort.

WAGNER

Evite que ça brûle
Tes plats seraient mauvais;
Mets-y de la fécule
Ce sera plus épais.

LE CUISINIER ET LES MARMITONS EN CHŒUR

De quoi donc qu'il se mêle
Ce vieillard décrépit?
Il a du plomb dans l'aile,
Et veut fair' de l'esprit.

Voyez, il a la gueule
D'un vil musicien
Et, comme une épagneule,
Aboyant pour un rien.

WAGNER, à part

C'est une sale boîte
Où je me suis fourré;
Je fous mon camp à droite
J'ai peur d'être coffré.

SCENE II

ISOLDINE entre avec BRANGUETTE; WAGNER tombe dans les bras d'ISOLDINE et est arrêté par elle.

ISOLDINE

Est-ce de moi que l'on se moque ?
Alors on saura qui je suis.

WAGNER

Mais non, c'est moi que l'on retoque.

ISOLDINE

Branguette, viens.

BRANGUETTE

Oui, je vous suis.

ISOLDINE

Marmitons, partez! Wagner; reste!

LES MARMITONS EN CHŒUR ET MENAÇANT WAGNER

Mais ce bon dîner va brûler.

ISOLDINE aux marmitons

Obéissez et pas un geste!

Les marmitons et le cuisinier sortent; WAGNER reste seul avec ISOLDINE et BRANGUETTE

ISOLDINE s'adressant à WAGNER

Viens! J'ai des comptes à régler.

WAGNER

Je ne dois plus rien à personne
Je viens de l'enfer sans le sou.

ISOLDINE, s'adressant à BRANGUETTE

Vois ! cet imbécile ! il ânonne ;

(s'adressant à Wagner)

Tu vas connaître mon courroux.
Où donc que la barque nous mène?

WAGNER

Je voudrais aussi le savoir;

(Il regarde par le sabord, en haut)

Ah! Je grimpe au mât de misaine,
Je grimpe là-haut pour y voir !

Il veut sortir, mais Branguette le retient

BRANGUETTE

C'est au pays de Cornouailles
Que bientôt on abordera.

ISOLDINE

Hélas! C'est pour mes épousailles
Que dans ce pays on ira.

BRANGUETTE

Que cela peut-il donc vous faire,
Madame, où vous épouserez!
Tristanet devant seul vous plaire,
Votre époux cocu vous ferez.

ISOLDINE

Je ne connais pas cette chose
Que l'on peut faire à son époux.
Dis-moi de quoi donc se compose
Ce condiment pour les jaloux.

BRANGUETTE

Vous pouvez avec confiance
Me croire.

ISOLDINE

Je n'en doute point.
J'aime connaître la science
Du cocuage du conjoint.

BRANGUETTE

Vous ne perdez rien pour attendre,
Chaque chose vient à son jour.

ISOLDINE

De l'amour, je veux tout apprendre.
Depuis longtemps, je tourne autour.

WAGNER

De l'amour, je fus le grand maître;
Je suis maintenant décati.

BRANGUETTE

Par ailleurs, tu peux aller paître,
Fiche le camp, vieil abruti.

Wagner sort

ISOLDINE

Ohé! mère chérie, où donc est ta puissance,
Que tu m'avais montrée en ma plus tendre [enfance,
De briser la tempête et régner sur les flots,
De guérir la folie et conjurer les maux?
Ma bien chère maman, coule-moi ce navire;
Qu'avec mon Tristanet au fond de l'eau [j'expire!
Maman, je veux mourir au choc des éléments,
Tourbillons déchaînés sur mes frémissements.
Vents timorés, venez si ma mère me lâche !
Ne craignez nullement que tout cela me fâche.
Tirez-moi cette mer au dehors du sommeil,
C'est dans l'éternité que sera mon réveil.

BRANGUETTE

Chère Madame !
Mais qu'avez-vous?
Vous êtes femme!
Restez chez nous.
L'eau de mer glace;
Elle fait froid,
Crispe la face,
Raidit les doigts.
Aimez sur terre
Le Tristanet,
Ça peut vous plaire
Un tantinet.

ISOLDINE

Pourquoi rire de moi, ma petite Branguette,
Tu sais bien que je souffre et que je le regrette.
Donne de l'air ! de l'air ! car mon cœur ne bat
[plus!

BRANGUETTE

Un peu d'air ne sera certes pas de refus.

SCENE III.

WAGNER, ISOLDINE, BRANGUETTE,
LE CUISINIER, MARMITONS

PREMIER MARMITON

Je sens que ma sauce se brûle.

DEUXIEME MARMITON

Retire-la vite du pot.

TOUS EN CHŒUR

Voyez l'autre qui gesticule.

DEUXIEME MARMITON

Il est trop rôti, mon gigot.

LES MARMITONS EN CHŒUR

Nous resterons à la cuisine,
On ne nous en chassera plus.
Elle nous agace, Isoldine,
Nous en chasser, c'est un abus.

Que chacun donc reste à sa place,
Qu'ils se couchent, les amoureux.
Nous ne voulons pas qu'on nous chassc,
Car ici nous sommes heureux.

A nous il nous faut notre poële,
C'est notre poële qu'il nous faut,
L'autre, qu'elle prenne le voile
Ou bien qu'on l'envoie au dépôt.

Il nous faut la poële, la poële,
La poële, poële il nous faut,
A l'autre le voile, le voile,
Ou bien le dépôt, le dépôt.

Nous avons du poil; c'est la poële
Qu'aux hommes à poil il leur faut,
Qu'elle se voile avec son voile,
Oui! qu'elle se voile au dépôt.

WAGNER

Voilà de la belle musique,
Je reconnais mes leitmotivs
Qu'un vil plagiaire s'applique,
Chatouillant mes nerfs auditifs.

Mais Isoldine là pleurniche;
La belle est seule dans son coin;
Il semble qu'on joue une niche
A celle qu'on entend de loin.

Je ne veux pas que l'on cuisine
Tous ces aliments à la fois,
Ma langue au goût est la plus fine,
Elle reprend ici ses droits.

Pourquoi frire dans cette poële
Des patates ou des poissons?
Pourquoi donc qu'on mêle le voile
A mes leitmotivs et mes sons?

WAGNER, LE CUISINIER, ISOLDINE, BRANGUETTE, LES MARMITONS EN CHŒUR

Nous sommes enfants de la poële,
Merlans, maqueraux, quels poissons !
Prenons tous ensemble le voile,
Et chantons tous à l'unisson :

En avant, en avant la poële,
Elle nous donne le frisson;
En chantant notre voix se voile,
On n'entend plus le moindre son.

WAGNER

Cette chanson est enfantine.
Vous, Chef, et vous les marmtions,
Allez-vous-en de la cuisine.

LE CHEF ET LES MARMITONS

Soyez sans crainte, nous sortons.
(Ils sortent)

SCENE IV.

Les mêmes, moins les MARMITONS,

KURVENIN, TRISTANET

WAGNER, qui entre

Je crois que je connais ta tête.
Ce n'est pas la première fois,
Cher confident, que tu m'embêtes,
Car depuis longtemps je te vois.

KURVENIN

Aussi moi je connais ta trogne
Mais je la croyais aux enfers.
Et quand je l'aperçois j'en rogne.
Que viens-tu chercher dans les airs?

WAGNER

Homme insolent! reste à ta place.

KURVENIN

Mais je ne te demande rien.

WAGNER

Que veux-tu que cela me fasse:
Retourne dans ta niche, chien!

KURVENIN

Je viens ici pour Isoldine,
De Tristanet le messager,
Si j'entre dans cette cuisine,
Ce n'est qu'à titre passager.
Tristanet veut voir Isoldine.

ISOLDINE

Dis-lui d'entrer, à ton patron.
Je fais mauvaise ou bonne mine
S'il est ou n'est pas un poltron.

SCENE V.

TRISTANET, WAGNER, ISOLDINE, BRANGUETTE

TRISTANET

Bonjour, Monsieur, bonjour, Mesdames,

WAGNER

Qui peut être ce coco-là ?
Etant le confesseur des âmes,
Je vais bien dénicher cela.
Sa gueule me paraît bretonne,
Je le vis jadis quelque part.
Cette moustache qui moutonne
N'est pas un effet du hasard.

TRISTANET

Ne te casse pas la caboche
Car j'ai chanté ton opéra.
Je suis un Celte et non un boche.
Certes, rien ça ne te fera.

WAGNER

Encore un de mes interprètes
Qui se promène sur les mers.
Tu viens pour faire ici la fête.
Ces hommes-là me sont très chers.

TRISTANET

Je viens ici pour Isoldine,
Je viens pour lui faire ma cour.
Avec Branguette la rouquine
Eloigne-toi jusqu'au grand jour.

WAGNER et BRANGUETTE sortent

SCENE VI.

TRISTANET A ISOLDINE

Nous sommes enfin seuls dans cette solitude.

ISOLDINE

Etre seule en Irlande était mon habitude.
Tu me rencontras seule au fond de mon
[manoir
Quand au clair de la lune, ami, tu vins me
— [voir.

SCENE VII.

Les mêmes et BRANGUETTE

BRANGUETTE

Madame, prenez-moi bien vite ce breuvage.
Ce philtre de la mort jadis à votre usage,
Votre chère maman avec art le brassa;

Mais buvez donc, Madame ! oui buvez-moi
[tout ça.

SCENE VIII.

Les mêmes.

ISOLDINE

Je suis bien maintenant; en moi le sang
[bouilllonne ;
Un sang impétueux au fond du cœur fris-
[sonne ;
Je ne peux me soumettre à mon trop triste
[sort,
Je ne veux être reine ou me donner la mort.

TRISTANET

Sur la mort, à ton âge, amie, on ne plaisante.
Tout sourit à tes yeux et mon regard t'en-
[chante.
A t'entendre, on dirait que tu ne m'aimes
[plus.
Tu peux bien épouser, mais sans l'aimer,
[Marcus.
Je le ferai cocu ; tu seras ma maîtresse.
Tu seras mon amour, ma fée enchanteresse.

ISOLDINE

Ce méchant philtre, au lieu de me faire [mourir,
Mon Tristanet, me fait, au contraire, frémir.

SCENE IX

Les mêmes.

BRANGUETTE

Je suis auprès de vous; je suis à vous, ô reine!

ISOLDINE

Qu'ai-je bu tout-à-l'heure? Est-ce de l'eau de [Seine ?

BRANGUETTE

Votre mère en brassant ce philtre se trompa ;
Non la mort, le désir de vivre la frappa.
C'est le philtre d'amour, ma reine, que vous [bûtes,
Contre la mort ainsi cessez toutes vos luttes.

SCENE X

Les mêmes, WAGNER, le CUISINIER, MARMITONS

TRISTANET

Perfide amour, charme trompeur ;

ISOLDINE

Vaine menace de fureur.

WAGNER

Je crois que ces deux-là radotent.

LES MARMITONS

Mais non, ces gens-là se pelotent.
Ils le font le jour et la nuit,
Quand le soleil dort, quand il luit.

ISOLDINE

Grand rusé, tu m'as repoussée.

TRISTANET

Non, je ne t'ai jamais chassée,

ISOLDINE

Tristanet, mon homme adoré,
Non, je ne t'ai pas abhorré.

TRISTANET ET ISOLDINE ENSEMBLE

Notre cœur s'élève et palpite.

WAGNER

Ce couple-là vraiment m'excite.

LE CUISINIER ET LES MARMITONS

Tout cela, c'est très rigolo,
De voir aimer un gigolo ;
Au milieu du couple qui s'aime
Faisons la cuisine quand même.

TRISTANET ET ISOLDINE ENSEMBLE

O floraison de douce ardeur,
O frémissement enchanteur ;
O la plus belle des extases,
O paroles d'amour sans phrases :
Amour désiré, vif plaisir,
Vite, je voudrais te saisir;
Viens sur mon cœur que je t'enlace,
Sur ta bouche que je t'embrasse,

TOUT LE MONDE ENSEMBLE

Du rivage nous sommes près ;
Voilà le bétail dans les prés.
On va s'en payer une noce
Et chacun trouvera sa gosse.
Que personne au cornet ne bâille
Car nous sommes aux Cornouailles !
Toute la troupe de Wagner
Est au grand complet, c'est très clair.

FIN DU PREMIER ACTE

(Le rideau tombe rapidement)

Intermède dit par le régisseur

Si cette pièce vous embête
Que nul d'entre vous ne s'entête !
Mes chers amis, rentrez chez vous ;
De rester vous seriez trop fous.
On va rendre votre galette,
Allez ailleurs faire la fête,
Si cela vous plaît par hasard,
Ou si vous y trouvez plus d'art.

Acte II

Intermède dit par le régisseur

Le second acte est embêtant,
Le troisième est plus résistant.
On va vous montrer des danseuses,
Qui ne sont en rien paresseuses.
Du roi Marcus, ces hétaïres,
Vous ne devrez pas en médire.
Il aime les femmes, ce roi,
Ne me demandez pas pourquoi.

La scène représente le jardin du roi Marcus au pays de Cornouailles.

SCENE PREMIERE

TRISTANET, MARCUS, ISOLDINE, WAGNER, BRANGUETTE

TRISTANET A MARCUS

Marcus, je te présente
Une femme charmante.
Et d'Irlande elle vint,
Tu vois, elle est bon teint.

TRISTANET A ISOLDINE

Ne lui dis pas un mot,
Ce roi, c'est un grand sot.

TRISTANET A MARCUS

D'Irlande je l'amène
Pour devenir ta reine ;
Tu lui parais bien vieux,
Elle put avoir mieux.

Si tu n'es pas capable
De te montrer aimable,
Je te remplacerai,
Et bien je l'aimerai.

WAGNER approchant.

Ils chantent ma musique ,
Je viens pour la réplique ;
Marcus est un grand sot,
Tristanet, idiot.

Car c'est une sottise
De dire une bêtise,
Mais en débiter deux,
C'est bien se ficher d'eux.

Il lui chante une gamme,
Isoldine est sa femme ;
Hier il l'épousa,
Et puis la soupesa.

BRANGUETTE, qui se promène dans le jardin, approche.

Comment était la dose ?

ISOLDINE

Te faut-il quelque chose ?

BRANGUETTE

Non, il ne me faut rien.

ISOLDINE

Alors, tais-toi, c'est bien.

SCENE II

Les mêmes, MARMITONS et DANSEUSES.

Les marmitons entrent dans le jardin avec les jeunes filles du pays au bras.

Nous sommes vingt-deux gosses
Qui venons pour vos noces,
Nous dansons la polka,
Et puis la mazurka.

Nous danserons sur l'herbe
La danse de la gerbe,
Que l'amour enfanta ;
L'amour nous visita.

Nous aimons bien la danse,
Honni soit qui mal pense !
Mettons-y le holà,
En avant, ré, fa, la.

(Ballet : polka, mazurka, puis danse avec des gerbes de fleurs.

Durée du ballet : vingt minutes.

SCENE III

Après le ballet, ISOLDINE et TRISTANET restent seuls dans le jardin. Ils s'assoient sur un banc; une lumière brûle à la porte d'un bâtiment

TOUS DEUX

Nous sommes enfin seuls ; la verdure nous [cache
Aux regards importuns; un traître ou bien un [lâche,
Pourrait venir ici troubler notre repos.
Mais que cela fait-il, car nous avons bon dos !

TRISTANET

Comment se comporta le vieux, la nuit des
[noces ?
Avec art fit-il un ou même plusieurs gosses ?

ISOLDINE

Mon petit curieux, de ça je ne sais rien ;
Je n'eus avec Marcus qu'un très court
[entretien.

TRISTANET

Alors, Marcus ne t'a donc pas entretenue?

ISOLDINE

Non ! et c'est pour cela qu'à toi je suis venue;
Je suis à toi ! tu peux me reprendre à nouveau !
Nous sommes là comme avant-hier sur l'eau.

TRISTANET ET ISOLDINE ENSEMBLE

Ce n'est pas une erreur et ce n'est pas un
[rêve!
L'amertume de l'âme entre nous deux fait
[trêve.
O noble sentiment, divine volupté.

ISOLDINE

Beau jour ! quand à mon sein l'enfant aura
[tété.
Extase ! cris de joie ! oui, je suis trop heu-
[reuse.
Je le suis beaucoup plus qu'une jeune dan-
[seuse !
Car un bébé pourrait l'empêcher de danser,
Pour elle c'est mauvais, son métier est valser.

TRISTANET

Vers les hauteurs des cieux je vais à ta ren-
[contre !
Au fait, quelle heure est-il ? Montre-moi donc
[ta montre !

(A part)

Je vois que j'ai le temps.

(A Isoldine)

Tristanet est à toi,

Je suis plus qu'un amant ; c'est moi qui suis
[ton roi !
Pour toujours réunis! L'autre est venu de
[Grèce,
C'est un roi de carton ; j'en déteste l'espèce.

TRISTANET ET ISOLDINE ENSEMBLE

Longtemps si loin ; si loin longtemps ; si loin.
[si près.
Distance ridicule à l'abri des cyprès !
O temps trop indolents; éloignement si morne.
Dans ton ombre, à cette ombre, où l'horizon
[nous borne!
A cette lueur-là, quel doux rapprochement!
Mais à l'ombre jadis quel morne éloignement !

TRISTANET

Regarde cette torche ! Oh ! elle nous menace :
Je vais aller l'éteindre.

(Il court éteindre la lumière)

En peux-tu voir la trace ?

ISOLDINE

Mon cher, je ne vois rien ; mais le perfide
[jour,
Mon plus dur ennemi, n'est pas fait pour
[l'amour.
Le jour est insolent ; oui, du jour je me venge,
Quand, comme maintenant, près de toi je me
[range,
Le jour, le maudit jour, hélas ! lui ne ment
[pas
Il est vrai qu'au grand jour on peut voir mes
[appas!

TRISTANET

Puisque je ne vois rien, permets-tu que je
[touche?

ISOLDINE

Non, tu n'en feras rien ! ton amour paraît
[louche.

TRISTANET

A tes plus grands honneurs, à tes nobles
[atours,
A ton cœur, à tes yeux, je penserai toujours.
Je suis le serviteur de la nuit; je suis l'ombre !

ISOLDINE

Je n'y vois rien du tout; oui, tout me paraît
[sombre.
Les rayons de tes yeux viennent frapper mon
[front,
J'espère qu'au grand jour, ils me couronne-
[ront.

TRISTANET

Je n'y comprends plus rien, ma chère, tu
[divagues!

ISOLDINE

Que t'importe mon cœur ! fais-moi cadeau
[de bagues.
J'aime les perles ; j'aime aussi les diamants,
Ce sont là des cadeaux que nous font les
[amants,
Même ceux qui ne sont pas venus de Vérone.

TRISTANET

Sur les rives du Pô, je ne connais personne.

TOUS DEUX ENSEMBLE

Dans les honneurs du monde et ses joyeux
[rayons,
Jusqu'à leur sanctuaire ensemble nous voyons
Ce qui se cache ou bien ce qui dans la nuit
[veille.
Pour nos aveugles yeux, cette image est
[pareille,
Qui nous valut la haine et nous valut le jour,
Nous voulons l'ignorer jusqu'à son vain
[retour.
Mais dans l'illusion se révèlent les charmes ;
C'est la fin de l'erreur, elle arrive sans armes.
On boit toute la nuit ; on s'aime dans la nuit ;
Mais quand le jour arrive, alors, mon Dieu,
[tout fuit !

Notre cœur le prédit et ce n'est pas un songe ;
Ce que l'on voit le jour n'est qu'un simple [mensonge.
Mais le jour ne pourra jamais nous séparer ;
Nous sommes si collés qu'il faudrait trop [tirer!

SCENE IV.

Les mêmes, BRANGUETTE, MELAN
BRANGUETTE entre précipitamment

Le jour se lève ; il est perfide.
On voit déjà trop ; c'est stupide !
Ses pâles lueurs, ses éclats
Ne sont pas faits pour vos ébats.
Le roi Marcus est sur ses gardes,
Voilà Mélan qui vous regarde.
Et c'est son meilleur confident,
Comme son premier adjudant.
A votre amour il porte atteinte ;
Je ne suis pas pour vous sans crainte.

TRISTANET

Je suis un chevalier sans reproche et sans [peur;
Mon péché, je l'avoue, et ne suis pas trompeur.
Mais que cela peut-il à Mélan bien lui faire
Qu'Isoldine à moi comme à Marcus ait su [plaire?

MELAN approchant

J'écoute vos paroles,
Ce sont maigres oboles
Pour mon roi le cocu,
Soyez-en convaincu ;
Et c'est sans équivoque
Qu'en duel je vous provoque !

SCENE V

Les mêmes, MARMITONS, DANSEUSES et WAGNER

Les MARMITONS entrent avec leurs DANSEUSES

On va bien s'amuser
A voir s'entrecroiser
Leurs vaillantes épées.

UN MARMITON

Moi je les crois pipées.

UN SECOND MARMITON

Oui, l'on va rigoler,
Eux vont peut-être hurler;
Ils vont casser leurs pipes,
Ou bien s'ouvrir les tripes.

LES MARMITONS EN CHŒUR

Nous sommes venus là,
Marmitons de gala,
A moins qu'on n'en abuse,
Il faut bien qu'on s'amuse!
On ne peut s'en priver,
Tant pis s'ils vont crever !

WAGNER entre précipitamment

C'est vraiment une sale histoire
Quand on ne meurt pas pour la gloire.
C'est glorieux que je sois mort,
Il est vrai que j'étais retors.

(s'adressant aux combattants)

Messieurs, si vous voulez m'en croire,
Saoûlez-vous, car il vaut mieux boire
Que de s'écorcher tout vivant,
Surtout pour celle qui se vend.

ISOLDINE à WAGNER

Vous êtes un menteur, un lâche!
Ce mensonge vraiment me fâche.
On ne m'a pas pour de l'argent;
Votre discours est outrageant.

(à Tristanet)

Tristanet ! pour moi, va te battre ;
Enlaidis-moi fort ce bellâtre.
De ton arme coupe son nez
Jusqu'à ce qu'il te crie assez.

(Ils se battent et Tristanet est blessé).

ISOLDINE

Tristanet, mon trésor, écoute :
Ton sang s'écoule goutte à goutte;
Je ne voudrais pas t'ennuyer,
Mais permets-moi de t'essuyer.
Même après ta mort, mes amours
Dureront certes toujours.
Mais ne mens pas, je t'en supplie,
Ce coup m'a de vingt ans vieillie.

TOUS ENSEMBLE

O! malheur, ô! quel triste coup.
Ce Tristanet souffre beaucoup;
Notre héros n'a pas de chance,
Etant accablé de souffrance.
De se battre, il commit un loup
Il fut transpercé tout à coup!
Ça se nomme de la malchance,
Mais il le savait par avance.

Il a reçu le contre-coup
De cet amour qu'il fit beaucoup.
Enfin Isoldine le panse
Et que croyez-vous qu'il en pense?
Il pense avoir commis un loup,
Il n'en a pas commis beaucoup.
Mais Isoldine est dans ses transes,
Qu'il fût blessé d'un coup de lance
Il aurait dû parer ce coup,
La parade eût servi beaucoup
C'est peut-être un service immense
Rendu, qu'il n'ait pas eu de chance;
La chance fait vraiment beaucoup,
Pour éviter un mauvais coup.
Quelquefois on n'a pas de chance;
On ne le sait pas par avance.

Fin du second Acte.

Le rideau tombe lentement.

Acte III

La scène représente un château fort en Bretagne

SCENE I.

TRISTANET, KURVENIN, UN PATRE

LE PATRE doucement

Kurvenin, mon ami,
Tristanet a dormi.
Que bien longtemps, il dorme,
S'il meurt, la mort transforme!

KURVENIN

As-tu vu le vaisseau
Venir de loin sur l'eau ?

LE PATRE

Mon cher, à la minute
J'eus joué sur ma flûte,
Un air vif et joyeux,
L'air de mes trisaïeux.

J'ai reçu le message
Qu'elle avait pris passage
Sur un très grand bateau
Qui file bien sur l'eau.

Car par le télégraphe,
Une lettre autographe
Le facteur m'a remis,
C'est clair et très concis.

Si je vois une toile,
Ce qu'on nomme une voile.
Vite je jouerai
Un air gai, c'est très vrai.

KURVENIN

Nous allons donc attendre
Sans faire aucune esclandre.

TRISTANET se soulevant de son lit de repos

C'est mon réveil!
J'ouvre la bouche,
Plus de sommeil,
Je me recouche,

J'ai mal partout ;
O courbature !
Je suis debout
Dans mon armure!

C'est un vaisseau,
Non, de la blague!
C'est un drapeau,
Non, je divague.

J'entends un son,
Qui donc le chante
A l'unisson,
Et m'enchante?

Pâtre ou berger,
Sur cette flûte
Sut me venger
Une minute.

Arrive ici
Mon Isoldine.
Je t'aime ainsi,
Viens, ma coquine.

KURVENIN au PATRE

Il paraît excité.
Il faut, pour sa santé,
Qu'il se tienne tranquille.
C'est vraiment très utile,

LE PATRE

A qui donc le dis-tu?
Je ne suis point têtu;
Jamais je ne dispute,
Je vais ranger ma flûte.

TOUS DEUX ENSEMBLE

Ah! si l'on pouvait voir
Le navire ce soir,
Car il verrait encore
La belle qu'il adore.
Le docteur nous a dit
Qu'il garantit la nuit;
Demain la mort l'enlève,
Alors finit son rêve!

(Ils regardent dehors)

Le voilà le bateau,
Comme il glisse sur l'eau!
C'est vraiment de la veine,
Je vois déjà la reine.
Elle agite un drapeau;
Quel magique tableau!

KURVENIN

Je reconnais son sexe,
Et j'en suis très perplexe.

(Le pâtre joue un air joyeux)

TRISTANET *se soulevant*

Mais je te vois,
Mon Isoldine,
J'entends ta voix,
Chère copine.

Oui, c'est bien toi
Mon églantine!
Es-tu pour moi?
Je le devine.

Tu restes coi?
Je baragouine !
Non! c'est la foi
Qui m'enlumine.

Je suis ton roi
Qui te fascine,
Et le tournoi
Là se termine.

Par mes exploits,
Je m'imagine,
En maints endroits
Je prédomine.

KURVENIN

divague déjà ;
Sa vie, il l'abrégea
En s'excitant sur elle.

LE PATRE

Mon cher, elle est si belle!
J'ai pu voir son portrait
Qu'un très grand peintre a fait.

KURVENIN

Elle est mieux en nature,
La belle créature,
Mais son air enjôleur
A causé son malheur.

TOUS DEUX ENSEMBLE

Ah! les femmes, les femmes,
Elles ont trop de flammes!
Et nous, les étalons,
Pour elles nous brûlons.

Heureux sont les eunuques
Sans poils, portant perruques!
Qu'ils soient blancs, qu'ils soient noirs,
Ils portent les bougeoirs.

Ils tiennent la chandelle
Pour lui comme pour elle;
Ils n'ont pas de désirs,
Ils n'ont pas de plaisirs.

Au fond, tout ça c'est bête,
Quand même l'on s'entête,
On y revient toujours
A ce maudit amour.

L'idiot s'y délecte,
Le sage les respecte;
Ami, ce Tristanet
Me paraît un benêt.

Cest pour cela qu'il crève,
Encor tout plein de sève,
Il se battit en duel
Pour un plaisir charnel.

Maintenant il l'expie,
Et cette femme impie
Lui court encor après,
Vient ici tout exprès.

Marcus est bon apôtre
Moi, je serais tout autre;
T'as raison ! J'ai raison !
La femme est un poison.

La sienne ou bien une autre,
L'homme est trop bon apôtre;
Il avale un poison
Sans rime ni raison.

S'il prend celle d'un autre,
Il en devient l'apôtre;
Il enlève un poison
A l'autre sans raison.

La femme d'un apôtre
N'est pas celle d'un autre,
Elle a cent fois raison
De prendre du poison.

Si l'on est bon apôtre,
On prend celle d'un autre;
Sans rime ni raison
On avale un poison.

TRISTANET se relevant

N'étant pas ivre,
Je la sens vivre!
Mais elle est là!
Holé! Holà!

SCENE II.

Les mêmes, ISOLDINE, BRANGUETTE, WAGNER.

Isoldine arrive suivie de Branguette et Wagner, Wagner entre, Isoldine s'arrête à la porte.

WAGNER

Attendez, mes enfants, que je règle la scène,
Vous ne le voudrez pas, je le crois, autrement.
Il me la faut très chaste; elle n'est pas obscène.
Attendez un instant; j'ai besoin d'un moment;
Je suis rénovateur de la forme lyrique ;
La forme, je la crée, en simple leitmotiv ;
Mais je suis connaisseur aussi d'art dramatique
Et je laisse échapper parfois un son plaintif.
Mes livrets d'opéra, je les ai faits moi-même.
Scribe n'a pas été mon collaborateur,
Chaque livret, bien plus, est vraiment un [poème;
J'encaisse, mes amis, tout seul les droits [d'auteur.
Je suis musicien et je suis dramaturge
Et peu d'êtres humains sont les deux à la fois;
Contre mon double rôle un écrivain s'insurge,
Cela m'est bien égal, je conserve mes droits.

De même les décors, de temps en temps je
[brosse,
Cela déplaît beaucoup à nos décorateurs,
Avec les pratiquants, vous voyez, je suis rosse,
J'évite, quand je peux, les collaborateurs,
Une lithographie aussi je commandite,
Et s'il le fallait bien, je me ferais graveur,
Et de tout ce qu'il peut, le grand Wagner
[profite,
Je suis bon commerçant, pas seulement
[rêveur.

WAGNER s'adressant aux autres

Tristanet, vous allez sortir de notre monde,
L'impression sur nous doit en être profonde;
Mourez donc lentement et sachez mourir bien;
Sachez mourir en homme et non crever en
[chien.
Attendez pour mourir, que votre tour arrive,
Isoldine, et montrez-vous alors assez vive.
Vous n'aurez donc besoin que de quelques
[instants
Pour faire à Tristanet la cour pour tous les
[temps.

(Il crie au dehors)

Vous petits marmitons, lâchez votre navire,
Rangez-vous, évitez pendant leur mort de rire;
Mais vous pourrez chanter un alléluia
A moins de préférer un Ave Maria.

(Il s'adresse au Pâtre, etc.)

Et vous, pâtre ou berger, passez-moi votre
[flûte
Pour les accompagner pendant une minute.
Branguette, vous serez triste et ne direz rien.
D'Isoldine, en mourant, vous serez son soutien;
C'est très bien maintenant, tout le monde est
[en place,
Soyez tous sérieux, sans faire le paillasse;

(à un marmiton qui gesticule)

Cessez de plaisanter, là, le deuxième, oui,
[vous!
Vous êtes à l'amende et vous paierez cent sous.

Silence profond.

(Isoldine se précipite dans les bras de Tristanet)

TRISTANET

J'éprouve du courage
Je me sens d'un autre âge!
Le soleil, quel beau jour!

Je te vois alentour,
Et mon sang qui bouillonne,
Isoldine frissonne!
Debout ! trop grand désir !
Et jubilant plaisir!
Sur ce lit, en délire,
Impossible de rire!
Comment le supporter!
Voulez-vous m'emporter?

(Il se soulève)

Debout, en avant, marche !
Je suis un patriarche;
Je me sens déjà vieux,
Et vais mourir, tant mieux!
Non, il faut en rabattre,
Car je sens mon cœur battre.
Tristanet, hein, c'est moi,
D'Isoldine le roi,
Guéri par l'allégresse,

(Il se lève encore plus)

Plus haut je me redresse.
Je n'ai nullement tort
Car j'échappe à la mort;
Et malgré ma blessure,
Cette vie est très sûre.

Heïa! tout mon sang
S'écoule de mon flanc;
Que l'univers périsse,
Je rentre dans la lice!
J'y trouve mon salut,
Mais non, rien ne va plus!

SCENE III.

Les mêmes et les MARMITONS qui entrent

LES MARMITONS ET TOUS EN CHŒUR

Comme il dit bien, comme il divague,
On voit qu'il ne fait pas de blague.
Et c'est de la réalité,
Qu'il montre dans son aparté.
Si nous savions faire la sauce,
Comme lui sait creuser sa fosse,
Wagner nous pardonnerait tout,
Attendons, il n'est pas au bout,

WAGNER aux marmitons

N'interrompez pas; cette scène,
En effet à la mort l'amène;
Or, mourir, c'est très sérieux,
Soyez miséricordieux!

(à Isoldine)

Votre intervention s'impose,
Vous lui chanterez quelque chose!

TRISTANET

Oh ! je vois la lueur,

(Il met la main au front)

Et je sens ma sueur!
Elle s'éteint, la torche,
Il faut que je la torche
Pour encore la voir
Lorsque viendra le soir!
Je veux m'approcher d'elle,
Je veux sentir ma belle.

ISOLDINE

Mon chéri, me voilà!
Ne me sens-tu pas, là?

Tristanet tombe lentement à terre, en s'appuyant sur le bras d'Isoldine, et meurt quand celle-ci a fini de chanter

Debout, entends encore
Cette voix si sonore,
Pénétrant de mon cœur
Dans Tristanet vainqueur!
C'est la voix d'Isoldine,
Cette voix enfantine,
Que Tristanet aima,
Qu'Isoldine sema!

Muet ? Sur terre reste,
Pour te donner mes restes,
Ne fût-ce qu'une fois?
Chéri, je te les dois!
Ne serait-ce qu'une heure,
Ce serait la meilleure!
Je ne t'excite pas?
N'ai-je donc plus d'appas?

Une heure sans pareille
Vaut qu'on reste, qu'on veille !
Je désire, tu vois;
N'entends-tu pas ma voix?
Sors-moi de cette poisse,
Et de ces jours d'angoisse!

Tristanet, un instant,
Sois encore résistant,
Unique, court, infime,
Mais ce sera sublime!
Pour l'éternel bonheur,
Ne sois pas tâtonneur!

C'est le bonheur du monde
Que vient t'offrir ta blonde!
Tu ne dois pas mourir,
Non, je veux te guérir!
Je veux guérir ta plaie
Avec un peu d'ivraie.

LES MARMITONS EN CHŒUR

Il en pousse là dans les blés,
En cela nous sommes calés,
Leurs petits brins nous voulons rompre!

WAGNER

Chut! Je vous défends d'interrompre!
Tristanet va bientôt mourir,
Il est trop tard pour le guérir.

ISOLDINE

Montre-moi ta blessure,
Pour guérir, je le jure !

(effarée)

Ton regard est brisé,
Ton nez couperosé;
Par le plus léger souffle,
Ton ventre se boursoufle;
Pas le moindre soupir,
Où puis-je me tapir?
Je viens de Cornouailles,
C'est pour nos épousailles!
Toi, tu fiches le camp
En perdant tout ton sang;
Tu vas vraiment trop vite
Ta vie a fait faillite.

Trop tard! Homme cruel!
Victime d'un duel!
On dit que c'est ma faute!
Non! puisque je sanglote.

LES MARMITONS EN CHŒUR

Qui vous dit qu'il est déjà mort?
Nous, marmitons, croyons qu'il dort.
Il faudrait avoir une glace
Et la mettre devant sa face.

Branguette sort une glace de sa poche, la passe à Isoldine qui la met devant la bouche de Tristanet :

BRANGUETTE

Chers marmitons, tout est fini,
Car ce miroir n'est pas terni.

WAGNER

Allons, il faut finir le drame.

(s'adressant à Isoldine)

C'est à vous de mourir, Madame!
Mais je veux dire quelques mots
Qui ne vous paraîtront pas sots.

Vous voyez que je peux bien faire
Un drame humain qui sait vous plaire!
Quand je travaille pour les dieux,
Je vais de la cuisine aux cieux.
Mais j'aime mieux rester sur terre
Quoique la vie y soit amère.

LES MARMITONS

Fiche-nous la paix, vieux raseur
Tu n'es qu'un vil thésauriseur ;
Tu travailles pour la galette,
Et de l'art tu t'en fous tripette!
Nous connaissons ce métier-là
Etant choristes pour cela !
Chaque musicien nous rase
En répétant la même phrase!
Massenet vaut autant que toi,
Il nous donne le même emploi.
On écrit pour nous des bêtises
De jurons on nous agonise.
On prétend que nous chantons faux,
Mais les choristes ont bon dos.

WAGNER

Je ne veux plus qu'on interrompe,
Fermez le robinet, la pompe.
Isoldine, à vous de mourir,
Ne nous faites pas trop souffrir.

ISOLDINE

Je chante la mort d'Isoldine,
De ma voix si belle, si fine.
Je regarde mon Tristanet,
Qui ne m'a plus l'air si benêt.
C'est maintenant que je commence
Je m'émeus, je suis dans les transes.

(arrêt d'une minute)

Il n'a plus l'air jaloux,
Son regard est si doux!
Ses yeux un peu s'entrouvrent,
Et ses cils se découvrent;
Voyez-vous, n'est-ce pas?
Voyez comme il est gras.
Mais son ventre ballonne,
Et toujours il rayonne
Du soleil entouré,
Sur son front adoré!
Pour moi son cœur se gonfle!
J'aimerais mieux qu'il ronfle!
Majestueusement
Son cœur bat un moment.
Mais bientôt il s'arrête,
Comme la vie est bête!

WAGNER furieux

Isoldine, l'on ne rit pas;
Quand on est si près du trépas.
Le public de la mort se moque;
Ce que tu débites le choque.
Je suis un grand compositeur,
Et non un mystificateur.
Je ne veux pas que l'on se fiche
De moi, ni que l'on me pastiche :
Ma musique, c'est l'avenir,
Celle d'un autre, un souvenir.

ISOLDINE reprend

Dans un souffle paisible,
Un verset de la bible
Sur ses lèvres frémit,
Oh! l'homme est si petit!
Un souffle doux, suave,
Vous voyez : il le bave!
Ne le voyez-vous pas?
Mes amis, c'est le glas!
J'entends la mélodie,
Tristanet psalmodie,

Déplorant le bonheur.
Cela lui fait honneur,
Mais elle me pénètre
Tout au fond de mon être ;
Elle me fait jouir
De son bon souvenir.
Elle fuit et s'élève
Et rajeunit sa sève,
Disant tout, de lui sort;
Il vit, il n'est pas mort.
Cette note est vibrante
Et réconciliante;
Répandant un clair son
En thème à l'unisson.
Un zéphyr me caresse,
Le vent à moi s'adresse :
L'impétueux torrent
Arrive en conquérant!
O flots que je maîtrise
Vapeur la plus exquise,
Près de moi vous enflez
Et mon cœur vous gonflez.
Je m'en vais disparaître
Car je n'ai plus de maître!
Dans les plus fins parfums,
Non dans les lieux communs,
Tout mon souffle s'exhale;
Voyez, je suis très pâle.

Je sors de l'univers,
Ne chantant plus de vers,
Plongée, inconsciente,
Au fond de l'eau courante,
Ou dans un fond de mer,
Pour rejoindre l'enfer .
Divin plaisir, emporte
Ton Isoldine morte !

TOUS LES SURVIVANTS EN CHŒUR

Quelle triste fin!
La suite à demain.

FIN

: Société Anonyme :
: de l'Imprimerie :
I. RIRACHOVSKY,
5, rue des Gobelins
: : : : PARIS : : :

www.ingramcontent.com/pod-product-compliance
Ingram Content Group UK Ltd.
Pitfield, Milton Keynes, MK11 3LW, UK
UKHW020331220726
13923UKWH00003B/1490